RÈGLEMENT

POUR

LES ENFANTS

QUI FRÉQUENTENT

LES ÉCOLES CHRÉTIENNES

DES SŒURS DE LA PRÉSENTATION DE MARIE.

J. B. PÉLAGAUD, IMPRIMEUR-LIBRAIRE

DE N. S. P. LE PAPE.

LYON,	PARIS,
GRANDE RUE MERCIÈRE,	RUE DE TOURNON,
N° 48.	N° 5.

1863.

C.

† A B C D
E F G H I
J K L M N
O P Q R S
T U V X Y
Z Æ OE.

† a b c d e
f g h i j k l
m n o p q r
s t u v x y z
æ œ ç ff fi ffi
fl ffl w.

(5)

Ba be bi bo bu
Ca ce ci co cu
Da de di do du
Fa fe fi fo fu
Ga ge gi go gu
La le li lo lu
Ma me mi mo mu
Na ne ni no nu
Pa pe pi po pu
Qua que qui quo quu

Ra re ri ro ru
Sa se si so su
Ta te ti to tu
Va ve vi vo vu
Xa xe xi xo xu
Za ze zi zo zu

---

an, on, un, or,
et, au, s'y, est,
lui, pas, loi, jeu,

air, mur, nous, mais, vous, fils, point, temps, dans, jour, dix, corps, main, dent, pied, le, pont, tour, la, long, haut, les, banc, bois, du, cent, deux, si,

â me, père, an-
ge, tête, heu re,
page, enfer, es-
prit, com me,
beau coup, em-
ploi, pre mier,
clas se, li vre,
ta ble, se cond,
pren dre, a mi,
ciel, tré sor,

sain te, mê me,
vil le, ap pel,
se cours, gla ce,
fau te, dé faut,
ver tu, fi xer,
Mes se, si gnal,
gout te, e xil,
lar me, ar bre,
ha ïr, dé cret,
stal le, ai mer,

Pa ra dis, é co-
le, A pô tre,
é toi le, E gli-
se, dis ci ple,
o rai son, doc-
tri ne, pa ro le,
pen si on, nou-
vel le, vil la ge,
famil le, Sain te
Vi er ge.

† Au nom du Père, et du Fils, et du Saint-Esprit. Ainsi soit-il

L'Oraison Dominicale.

No tre Pè re, qui ê tes aux cieux, que votre nom soit sanc ti fi é; que vo tre rè gne arri ve; que vo tre

vo lon té soit
fai te en la ter-
re com me au
ciel : don nez-
nous au jour-
d'hui no tre
pain quo ti di-
en , et nous par-
don nez nos of-
fen ses com me

nous par don-
nons à ceux qui
nous ont of fen-
sés ; et ne nous
lais sez pas suc-
com ber à la
ten ta ti on,
mais dé li vrez-
nous du mal.
Ain si soit-il.

La Salutation Angélique.

Je vous sa-lu e , Ma ri e , plei ne de grâ-ce; le Sei gneur est a vec vous ; vous ê tes bé nie en tre tou tes les fem mes , et

Jésus, le fruit de vos entrailles, est béni. Sainte Marie, mère de Dieu, priez pour nous, pauvres pécheurs, maintenant et à l'heure de notre mort.

Ain si soit-il.

Le Symbole des Apôtres.

Je crois en Dieu, le Pè re tout-puis sant, cré a teur du ciel et de la ter- re, et en Jé sus-

Christ son Fils u ni que, no tre Sei gneur, qui a é té con çu du Saint - Es prit, est né de la Vier ge Ma rie; a souf fert sous Ponce - Pi la te; a é té cru ci fi é,

est mort, et a
é té en se ve li;
qui est des cen-
du aux en fers;
et le troi si è me
jour est res sus-
ci té des morts ;
est mon té aux
Cieux, est as sis
à la droi te de

Dieu, le Pè re tout - puis sant, d'où il vien dra juger les vi vans et les morts. Je crois au Saint-Es prit, la sain-te E gli se ca-tho li que, la com mu ni on des Saints, la ré mis sion des pé chés, la ré- sur rec tion de la chair, la vie é ter nel le.

Ain si soit-il.

La Confession des Péchés.

Je con fes se à Dieu tout-puis sant, à la bien heu reu se Ma rie, tou jours Vier ge, à saint Mi chel Archan ge, à saint Jean-Bap tis te, aux A pô tres saint Pier re et saint Paul, à tous les Saints, et à vous, mon Père, que j'ai beaucoup péché, par pensées, par paroles, par actions et par omissions; c'est ma faute, c'est ma faute, c'est ma très-grande faute. C'est pourquoi je supplie la bienheureuse Marie, toujours Vierge, saint Michel archange, saint Jean-Baptis te, les Apôtres saint Pierre et saint Paul, tous les Saints, et vous, mon Père, de prier pour moi le Seigneur notre Dieu.

Que le Dieu

tout - puis sant nous fas se mi- séricorde, qu'il nous par don ne nos pé chés, et nous con dui se à la vie é ter- nel le.

Ain si soit-il.
Que le Sei-

gneur tout-puis-
sant et mi sé ri-
cor di eux nous
ac cor de l'in-
dul gen ce, l'ab-
so lu ti on et la
ré mis si on de
nos pé chés.

Ain si soit-il.

Réglement des Enfants.

1º Ren dez-vous, ma chè re en fant, à l'é co le a vec beau coup d'ex ac ti tu de. So yez bien mo des te en che min et ne vous ar rê tez nul le part.

2º En en trant à la clas se, vous vous met trez à ge noux de vant l'i ma ge de la Sain te Vier ge pour di re *Je vous sa lu e*, et i rez à la pla ce

qui vous au ra é té as si-
gné e.

3° De puis le mo ment que vous se rez en tré e jus qu'à ce que vous sor-ti rez de la clas se, vous gar de rez le si len ce le plus ex act. Vous é tu di e-rez aus si vo tre le çon sans é le ver la voix.

4° La clas se com-men ce ra par u ne pri è-re, et vous la ré ci te rez a vec beau coup d'at tenti on et de dé vo ti on ; c'est ain si, ma chè re en fant, que vous de vez tou jours pri er Dieu.

5° Vous ne sor ti rez pas de la clas se sans per mis si on, et ja mais deux en mê me temps.

6° Vous par le rez tou-jours fran çais aux maî-tres ses ain si qu'à vos com pa gnes. Vous ne de vez tu to yer per son-ne, ni don ner des so bri-

2.

quets, ni vous mo quer de qui que ce soit, ni lui re pro cher ses dé fauts.

7° Ne so yez point rappor teu se. Vous de vez mê me en du rer pa tiemment u ne ré pri man de que l'on vous fait par mé pri se, plu tôt que de nom mer cel le de vos com pa gnes qui l'a méri tée.

8° Quand on vous repren dra, vous ne contes te rez point et ne cher che rez pas à vous jus ti fier. Vous é cou te rez hum ble ment ce qui vous se ra dit, et re mer ci e rez la maî tres se.

9° Vous tien drez la mê me con dui te, si vos maî tres ses vous im po sent quel que pé ni ten ce.

10° E tu diez tou jours bien vo tre le çon. Quand on vous la di ra, so yez très-at ten ti ve. Ne suivez pas a vec u ne moindre at ten ti on cel les qui sont de la mê me sec ti on ; et a près que tou tes ont lu, re pas sez vo tre le çon, a fin de mieux é vi ter les fau tes pour les quel les vous ou les au tres au rez é té repri ses.

11° Ac cou tu mez-vous à sui vre le sens de ce que vous li sez ; à fai re sen-

tir les points et les vir gu-
les; à bien pro non cer
et à cor ri ger vo tre
mau vais ac cent.

12° En é cri vant, te-
nez bien vo tre plu me,
for mez bien vos let tres;
que les mots soient bien
li és, sé pa rés les uns des
au tres, et le tout a vec
beau coup de net te té.
A yez donc sou vent les
yeux sur vo tre ex em ple.
Ac cou tu mez-vous à
net tre l'or tho gra phe.

13° Veillez à ce que votre cahier, vos plumes, vos exemples, vos livres ne s'égarent point et soient toujours propres. Aimez en tout l'ordre et la propreté.

14° Exercez de bonne heure votre mémoire. Pendant la demieure où l'on apprend par cœur, vous apprendrez d'abord la prière du matin et du soir et le ca té chis me.

15º Du rant l'heu re du ca té chis me, so yez très-at ten ti ve, a fin de sui vre l'ex pli ca ti on qui en est fai te. S'il y a quel que cho se que vous ne com pre ni ez pas, pri ez tout haut la maî tres se de vous l'ex pli quer. C'est là, ma chè re en fant, la sci en ce du sa lut. Le soir vous ré pè te rez à vos frè res et sœurs et aux do mes ti ques ce qu'on vous au ra ap- pris.

16° Lors qu'on fe ra la pri è re du ma tin et cel le du soir, vous sui- vrez tout bas avec res- pect et dé vo ti on, vous ac cou tu mant à en trer dans les sen ti ments que vo tre bou che ex pri me. Cet te pri è re ne vous dis pen se ra pas de la fai re à la mai son.

(37)

17° Vous i rez à la Sainte Messe, deux à deux, modestement et en silence, vous préparant à y assister avec piété.

18° En entrant à l'Eglise, celle qui est du côté du bénitier présentera de l'eau bénite à sa compagne. Vous vous rangerez quatre à quatre à la place qui vous aura été assignée.

19° Durant la Messe, vous aurez votre livre devant les yeux, et

5

en li rez les pri è res dé-
vo te ment. Si vous ne sa-
vez pas en co re bien li re,
vous di rez a vec pi é té votre cha pe let.

20° A près la Mes se,
vous vous re met trez à genoux pour re mer cier le
bon Dieu, et, au si gnal
qui se ra don né, vous retour ne rez à la clas se dans
le mê me or dre que vous
ê tes ve nu es, tou jours en
si len ce et a vec re cueil-
le ment.

21° Ayez du zè le à appren dre des Can ti ques, et pre nez l'ha bi tu de d'en sui vre le sens, quand vous les chan tez.

22° Vous n'au rez d'a-mi tiés par ti cu liè res pour au cu ne de vos com pa gnes. Vous les aime rez tou tes é ga le ment, et leur par-le rez a vec la mê me hon-nê te té.

23° Si né an moins vous en con nais siez qui tins sent de mau vais dis cours ou eus sent u ne con dui te cri mi nel le, vous ne devez pas les fré quen ter.

24° La classe finira par une prière. Vous sortirez sans bruit, sans précipitation, avec modestie; et vous vous rendrez droit à la maison, sans vous arrêter dans les rues à parler et à vous amuser.

25° Une fois la semaine on vous donnera des leçons de civilité, et vous y serez très-attentive, afin d'apprendre à saluer, à parler et à vous présenter convenablement; à honorer chacun selon son état et son âge ; et à éviter toute malhonnêteté, indécence ou grossièreté. La politesse fait aimer et respecter la vertu.

26° Ayez le plus grand respect et un amour sincère pour vos père et mère et pour tous vos parents. Obéissez-leur promptement ; allez même au-devant de leurs volontés. Fermez les yeux sur leurs défauts et ne vous en entretenez jamais. Ne dites jamais à personne ce qui se passe dans la maison.

27° Si cependant l'on vous commandait de mentir, de dérober, de dire ou de faire quelque autre chose mauvaise, répondez avec respect que vous ne le pouvez point faire, que le bon Dieu vous le défend.

28° Ne sortez point de la maison sans la permission de vos parents, surtout pour aller loin.

29° Portez toujours un grand respect aux Prêtres. Ne parlez jamais et ne souffrez pas que l'on vous parle mal d'eux. Respectez aussi beaucoup les personnes âgées ; rendez-leur service, si vous le pouvez ; ne vous moquez jamais d'elles et empêchez qu'on ne le fasse ; Dieu vous maudirait, ma chère enfant.

30° Respectez les pauvres ; ils sont les membres de Jésus-Christ. Saluez-les, parlez-leur toujours honnêtement : ne les insultez point, secourez-les quand vous le pourrez ; priez vos parents de leur faire l'aumône.

31° Saluez tout le monde, et ne soyez pas moins honnête dans vos paroles. Si vous parlez à des personnes respectables, dites : *Oui, Monsieur ; Oui, Madame ; Non, Monsieur*, etc., selon que vous serez interrogée.

32° Soyez honnête et complaisante envers les étrangers comme envers les autres : il faut savoir se gêner pour rendre service dans l'occasion.

33° Aimez vos frères et

sœurs : ne disputez point ensemble, ne vous frappez point, montrez que vous êtes la plus raisonnable, cédez-leur dans toutes les occasions où le bon Dieu n'est point offensé.

34° Agissez de même à l'égard de toutes les personnes de la maison, des voisins et voisines, de vos amies et de tout le monde.

35° Ne fréquentez point les garçons, ma chère enfant, ne soyez jamais seule avec eux, ne souffrez point qu'ils vous touchent.

36° Ayez le plus grand amour pour la modestie : respectez votre corps comme le corps même de Jésus-Christ. Portez toujours un mouchoir au cou et soyez habillée avec décence. En compagnie ou seule, pensez que Dieu vous voit, et que votre bon Ange est à côté de vous.

37° Ne regardez jamais rien d'indécent ; que vos yeux soient toujours modestes ; ne chantez et n'écoutez aucune mauvaise chanson, ne dites et n'écoutez aucune parole déshonnête.

38° Ne mentez jamais : les menteurs offensent Dieu et se font haïr de tout le monde.

39° Gardez-vous bien de dérober, ni fruit, ni friandises, ni quoi que ce soit, à vos parents ou aux étrangers. Rien de plus méprisable qu'une voleuse.

40° Ne prononcez pas le nom de Dieu en vain. Ne

souillez jamais votre bouche par des jurements ou autres paroles grossières.

41° Ne soyez point gourmande : prenez simplement, sans vous plaindre et avec reconnaissance, la nourriture qui vous est donnée. Accoutumez-vous jeune à être sobre, à ne pas manger avec avidité et précipitation, et même à faire quelque petite mortification. N'oubliez pas le *Benedicite* et les Grâces. Ne vous asseyez pas à table la première, et attendez que l'on vous serve.

42° Ne passez pas les jours de vacance dans l'oisiveté : elle est la mère de tous les vices. Aimez le travail, et ne restez jamais sans rien faire, occupez-vous toujours au retour de l'école.

43° Vous assisterez à la prière et à la lecture qui se font tous les soirs, à l'Eglise, et y direz dévotement le chapelet.

44° Le samedi soir vous

vous rendrez dévotement à l'Eglise comme vous faites pour la Messe, et y chanterez avec piété les Litanies de la Sainte Vierge.

45° Les dimanches et fêtes, vous assisterez à la grand'Messe, à Vêpres, aux instructions, au Rosaire, et vous vous placerez au lieu qui vous est assigné à côté des maîtresses.

46° Ayez, ma chère enfant, une grande dévotion à la Sainte Vierge et invoquez-la souvent avec confiance. La Fête de la *Présentation* sera celle des écolières. Vous vous y préparerez par la confession. Il n'y aura point de leçons ce jour-là. Vous vous rendrez à la classe pour écouter une instruction et de là aller à la grand'Messe où vous ferez l'offrande. Vous vous récréerez ensuite dans la classe avec vos compagnes. Le soir ous irez à l'Eglise faire l'acte de consécration à votre divine Mère et chanter ses Litanies.

47° Saint Louis de Gonzague, qui a été donné par l'Eglise pour Patron à la jeunesse, sera le second Patron des écolières. Vous célébrerez sa fête comme la précédente.

48° N'entrez jamais dans l'Eglise sans être pénétrée d'un saint respect. Gardez-vous bien d'y courir, d'y badiner, d'y rire, d'y parler, d'y tourner la tête de côté et d'autre.

49° Accoutumez-vous à vous tenir en la présence

de Dieu et à lui offrir votre travail et toutes vos actions. En les commençant, faites toujours le signe de la croix.

50° Ayez pour Dieu une crainte amoureuse et la plus grande horreur pour les fautes les plus légères.

51° Quand vous passez devant une Eglise ou une Croix, faites le signe de la croix et la révérence.

52° Quand vous prononcez ou entendez prononcer le saint nom de Jésus ou de

Marie, faites la révérence.

53° Quand on sonne l'*Angelus*, dites-le dévotement.

54° C'est une sainte pratique favorisée par l'Eglise, que de se saluer en disant, l'un : Loué soit *Jésus-Christ*; l'autre : *Ainsi soit-il*.

55° Mais accoutumez-vous à ne faire ces actions qu'avec des sentiments intérieurs de piété.

56° Le soir, si les personnes de la maison n'ont pas été à la prière qui se dit à l'Eglise, vous la ferez à haute voix et très-dévotement devant quelque image. Ensuite vous souhaiterez le bon soir à vos père et mère et autres personnes de la famille. Vous vous déshabillerez modestement, prendrez de l'eau bénite et ferez le signe de la croix, et vous vous recommanderez à Dieu, à la sainte Vierge et à votre bon ange.

57° *Ne soyez pas paresseuse à vous lever. Faites d'abord le signe de la* croix et donnez votre cœur à Dieu. Habillez-vous avec grande modestie. Mettez-vous ensuite à genoux et faites votre prière, avec la famille, s'il se peut. Après votre prière, vous donnerez le bon jour à vos parents.

58° *Ne manquez pas de vous peigner tous les jours, de vous laver le visage et les mains, de vous faire les ongles et d'avoir une grande propreté en tout. Vous le devez autant à votre santé qu'à l'honnêteté.*

59° *Enfin vivez, ma*

chère enfant, de manière à éviter le péché et à plaire au bon Dieu en toutes vos actions, afin de vous rendre digne d'entrer dans le Ciel.

Prière avant la Classe.

Saint-Esprit, qui êtes le principe de tout bien, daignez nous faire la grâce d'être bien attentives aux leçons qui vont nous être données et d'en bien profiter. Remplissez nos cœurs de votre divin amour, apprenez-nous à sanctifier notre travail et à le rendre utile pour notre salut.

Je vous salue, etc.

Prière après la Classe.

Nous vous remercions, ô mon Dieu! de la grâce que vous nous avez faite de nous instruire, préférablement à tant d'autres qui vivent dans l'ignorance et qui en profiteraient mieux que nous. Ne permettez pas que nous nous servions jamais de ce que nous apprenons, que pour devenir de bonnes chrétiennes. Je vous salue, etc.

PRIÈRES

PENDANT LA MESSE.

Au commencement de la Messe.

Faites-moi la grâce, ô mon Dieu! d'entrer dans les dispositions où je dois être pour vous offrir dignement, par les mains du Prêtre, le Sacrifice redoutable auquel je vais assister. Je vous l'offre, en m'unissant aux intentions de Jésus-Christ et de son Eglise : 1° pour rendre à votre divine Majesté l'hommage souverain qui lui est dû; 2° pour vous remercier de tous vos bienfaits; 3° pour vous demander avec un cœur contrit la rémission de mes péchés; 4° enfin, pour obtenir tous les secours qui me sont nécessaires pour le salut de mon âme et la vie de mon corps. J'espère toutes ces grâces de vous, ô mon Dieu! par les mérites de Jésus-Christ, votre Fils, qui veut bien être lui-même le Prêtre et la victime de ce Sacrifice adorable.

Au *Confiteor*.

Quoique, pour connaître mes péchés, ô mon Dieu! vous n'ayez pas besoin de ma confession, et que vous lisiez dans mon cœur toutes mes iniquités, je vous les confesse néanmoins à la face du ciel et de la terre; j'avoue que je vous ai offensé par pensées, paroles et actions. Mes péchés sont grands, mais vos miséricordes sont infinies. Ayez compassion de moi, ô mon Dieu! souvenez-vous que je suis votre enfant, l'ouvrage de vos mains et le prix de votre Sang. Vierge Sainte, Anges du Ciel, Saints et Saintes du Paradis, priez pour nous; et pendant que nous gémissons dans cette vallée de misères et de larmes, demandez grâce pour nous, et nous obtenez le pardon de nos péchés.

A l'*Introït.*

Seigneur, qui avez inspiré aux patriarches et aux prophètes des désirs si ardents de voir descendre votre Fils unique sur la terre, donnez-moi quelque portion de cette sainte ardeur, et faites que, malgré les embarras de cette vie charnelle, je ressente en moi un saint empressement de m'unir à vous.

Au *Kyrie eleison.*

Je vous demande, ô mon Dieu ! par des gémissements et des soupirs réitérés, que vous me fassiez miséricorde ; et quand je vous dirais à tous les moments de la vie : *Seigneur, ayez pitié de moi,* ce ne serait pas encore assez pour le nombre et pour l'énormité de mes péchés.

Au *Gloria in excelsis.*

La gloire que vous méritez, mon Dieu, ne vous peut être dignement rendue que dans le Ciel; mon cœur fait néanmoins ce qu'il peut sur la terre au milieu de son exil : il vous loue, il vous bénit, il vous adore, il vous glorifie, il vous rend grâces et vous reconnaît pour le Saint des Saints, et pour le seul Seigneur souverain du ciel et de la terre, en trois

Personnes : Père, Fils et Saint-Esprit.

Aux *Oraisons*.

Recevez, Seigneur, les prières qui vous sont adressées pour nous ; accordez-nous les grâces et les vertus que l'Eglise, notre mère, vous demande par la bouche du Prêtre en notre faveur. Il est vrai que nous ne méritons pas d'être exaucés, mais considérez que nous vous demandons ces grâces par Jésus-Christ, votre Fils, qui vit et règne avec vous dans tous les siècles des siècles. Amen.

Pendant l'*Epître*.

C'est vous, Seigneur, qui avez inspiré aux Prophètes et aux Apôtres les vérités qu'ils nous ont laissées par écrit; faites-moi part de leurs lumières, et allumez en mon cœur ce feu sacré dont ils ont été embrasés, afin que comme eux je vous aime et je vous serve sur la terre tous les jours de ma vie.

A l'*Evangile*.

Je me lève, ô mon souverain Législateur ! pour vous marquer que je suis prêt à défendre, aux dépens de tous mes intérêts et de ma vie même, les grandes vérités qui sont contenues dans le saint Evangile. Donnez-moi, Seigneur, autant de force pour accomplir votre divine parole, que vous m'inspirez de fermeté pour la croire.

Pendant le *Credo*.

Oui, mon Dieu, je crois toutes les vérités que vous avez révélées à votre sainte Eglise; il n'y en a pas une seule pour laquelle je ne voulusse donner mon sang; et c'est dans cette entière soumission que, m'unissant intérieurement à la profession de foi que le Prêtre vous fait, je dis à présent d'esprit et de cœur, comme il vous le dit de vive voix, que je crois fermement en vous et tout ce que l'Eglise croit. Je proteste, à la face de vos autels, que je veux vivre et mourir dans les sentiments de cette foi pure et dans le sein de l'Eglise catholique, apostolique et romaine.

A l'*Offertoire*.

Quoique je ne sois qu'une créature mortelle et pécheresse, je vous offre, par les mains du Prêtre, ô vrai Dieu vivant et éternel! ce pain et ce vin qui doivent être changés au Corps et au Sang de Jésus-Christ, votre Fils. Recevez, Seigneur, ce sacrifice ineffable en odeur de suavité, et souffrez que j'unisse à cette oblation sainte le sacrifice que je vous fais de mon corps, de mon âme et de tout ce qui m'appartient. Changez-moi, ô mon Dieu! en une nouvelle créature, comme vous allez changer par votre puissance ce pain et ce vin.

Au *Lavabo*.

Lavez-moi, Seigneur, dans le sang de l'Agneau qui va vous être immolé, et purifiez jusqu'aux moindres souillures de mon âme, afin qu'en m'approchant de votre saint autel, je puisse élever vers vous des mains pures et innocentes, comme vous me l'ordonnez.

Pendant la *Secrète*.

Recevez, ô mon Dieu! le Sacrifice qui vous est offert pour l'honneur et la gloire de votre saint nom, pour notre propre avantage et pour celui de votre sainte Église. C'est pour entrer dans ces intentions, que je vous demande toutes les grâces qu'elle vous demande maintenant par le ministère du Prêtre, auquel je m'unis pour les obtenir de votre divine bonté, par Jésus-Christ Notre-Seigneur.

A la *Préface*.

Détachez-nous, Seigneur, de toutes les choses d'ici-bas; élevez nos cœurs vers le Ciel, attachez-les à vous seul, et souffrez qu'en vous rendant les louanges et les actions de grâces qui vous sont dues, nous unissions nos faibles voix aux concerts des esprits bienheureux, et que nous disions, dans le lieu de notre exil, ce qu'ils chantent dans le séjour de la gloire : *Saint, Saint, Saint est le Seigneur, le Dieu des armées ; qu'il soit glorifié au plus haut des Cieux.*

Après le *Sanctus*.

Père éternel, qui êtes le souverain Pasteur des Pasteurs, conservez et gouvernez votre Eglise, sanctifiez-la et répandez-la par toute la terre; unissez tous ceux qui la composent dans un même esprit et un même cœur; bénissez notre saint Père le Pape, notre Prélat, notre Pasteur, notre Empereur et la Famille Impériale, et tous ceux qui sont dans la foi de votre Eglise.

Au premier *Memento*.

Je vous supplie, ô mon Dieu! de vous souvenir de mes parents, de mes amis, de mes bienfaiteurs spirituels et corporels. Je vous recommande aussi de tout mon cœur mes ennemis et tous ceux dont je pourrais avoir reçu quelque mauvais traitement : oubliez leurs péchés et les miens; donnez-leur part aux mérites de ce divin Sacrifice, et comblez-les de vos bénédictions en ce monde et en l'autre.

A l'élévation de la sainte Hostie.

O Jésus, mon Sauveur, vrai Dieu et vrai homme! je crois fermement que vous êtes réellement présent dans la sainte Hostie. Je vous adore de tout mon cœur, comme mon Seigneur et mon Dieu. Donnez-moi, et à tous ceux qui sont ici présents, la Foi, la Religion et l'amour que nous devons avoir pour vous dans ce mystère adorable.

A l'élévation du Calice.

J'adore en ce calice, mon divin Jésus, le prix de ma rédemption et de celle de tous les hommes : laissez couler, Seigneur, une goutte de ce sang adorable sur mon âme, afin de la purifier de tous ses péchés, et de l'embraser du feu sacré de votre amour.

Après l'Elévation.

Ce n'est plus du pain et du vin ; c'est le Corps adorable et le précieux Sang de Jésus-Christ, votre Fils, que nous vous offrons, ô mon Dieu! en mémoire de sa Passion, de sa Résurrection et de son Ascension : recevez-le, Seigneur, et, par ses mérites infinis, remplissez-nous de vos grâces et de votre amour.

Au second *Memento*.

Souvenez-vous aussi, Seigneur, des âmes qui sont dans le Purgatoire; elles ont l'honneur de vous appartenir, et bientôt elles vous possèderont. Je vous recommande particulièrement celles de mes parents, de mes amis et de mes bienfaiteurs spirituels et temporels, et celles qui ont le plus besoin de prières.

Au *Pater*.

Quoique je ne sois qu'une misérable créature, cependant, grand Dieu, je prends la liberté de vous appeler mon Père, puisque vous le voulez. Faites-moi la grâce, ô mon Dieu! de ne point dégénérer de la qualité de votre enfant, et ne permettez pas que je fasse jamais rien qui en soit indigne. Que votre saint nom soit sanctifié par tout l'univers. Régnez dès à présent dans mon cœur par votre grâce, afin que je puisse régner éternellement avec vous dans la gloire, et faire votre volonté sur la terre, comme les Saints la font dans le Ciel. Vous êtes mon Père, donnez-moi donc, s'il vous plaît, ce pain céleste dont vous nourrissez vos enfants. Pardonnez-moi comme je pardonne de bon cœur pour l'amour de vous à tous ceux qui m'auraient offensé; et ne permettez pas que je succombe jamais à aucune tentation; mais faites que, par le secours de votre grâce, je triomphe de tous les ennemis de mon salut.

A l'*Agnus Dei*.

Agneau de Dieu, qui avez bien voulu vous charger des péchés du monde, ayez pitié de nous, Seigneur. Vos miséricordes sont infinies; effacez donc nos péchés, et donnez-nous la paix avec nous-mêmes et avec notre prochain, en nous inspirant une profonde humilité, et en étouffant en nous tout désir de vengeance.

Au *Domine, non sum dignus.*

Hélas ! Seigneur, il n'est que trop vrai que je ne mérite pas de vous recevoir; je m'en suis rendu tout-à-fait indigne par mes péchés; je les déteste de tout mon cœur, parce qu'ils vous déplaisent et qu'ils m'éloignent de vous.

Une seule de vos paroles peut guérir mon âme, ne l'abandonnez pas, ô mon Dieu ! et ne permettez pas qu'elle soit jamais séparée de vous.

A la Communion du Prêtre.

Si je n'ai pas aujourd'hui le bonheur d'être nourri de votre chair adorable, ô mon aimable JÉSUS ! souffrez au moins que je vous reçoive d'esprit et de cœur, et que je m'unisse à vous par la Foi, par l'Espérance et par la Charité. Je crois en vous, ô mon Dieu ! j'espère en vous, et je vous aime de tout mon cœur.

Quand le Prêtre ramasse les parties de l'Hostie.

La moindre partie de vos grâces est infiniment précieuse, ô mon Dieu ! Je l'ai dit : Je ne mérite pas d'être assis à votre table comme votre enfant ; mais permettez-moi, au moins, de ramasser les miettes qui en tombent comme la Chananéenne le désirait. Faites que je ne néglige aucune de vos inspirations, puisque cette négligence pourrait vous obliger à m'en priver entièrement.

Pendant les dernières Oraisons.

Très-sainte et très-adorable Trinité, Père, Fils et Saint-Esprit, qui êtes un seul et vrai Dieu en trois personnes, c'est pour vous que nous avons commencé ce Sacrifice, c'est pour vous que nous le finissons : ayez-le pour agréable, et ne nous renvoyez pas sans nous avoir donné votre sainte bénédiction.

Pendant le dernier Evangile.

Verbe éternel, par qui toutes choses ont été faites, et qui vous étant fait homme pour l'amour de nous, avez institué cet auguste Sacrifice, nous vous remercions très-humblement de nous avoir fait la grâce d'y assister aujourd'hui. Que tous les Anges et tous les Saints vous en louent à jamais dans le Ciel. Pardonnez-moi, ô mon Dieu ! la dissipation où j'ai laissé aller mon esprit et la froideur que j'ai ressentie en mon cœur dans un temps où il devrait être tout occupé de vous, et tout embrasé d'amour pour vous. Oubliez, Seigneur, mes péchés, pour lesquels Jésus-Christ, votre Fils, vient d'être immolé sur cet autel; ne permettez pas que je sois assez malheureux pour vous offenser davantage, mais faites que, marchant dans les voies de la justice, je vous regarde sans cesse comme la règle et la fin de toutes mes pensées, de toutes mes paroles et de toutes mes actions.

Ainsi soit-il.

ABRÉGÉ

DE TOUT CE QU'IL FAUT SAVOIR, CROIRE ET PRATIQUER POUR ÊTRE SAUVÉ.

1. Il n'y a qu'un Dieu, il ne peut y en avoir plusieurs. Dieu possède toutes les perfections; il est infiniment saint, juste, bon; il est tout-puissant, souverain, éternel, c'est-à-dire qu'il a toujours été et sera toujours. Dieu est un pur esprit, il n'a point de corps, on ne peut le voir; il connaît tout, jusqu'à nos plus secrètes pensées.

2. Il y a en Dieu trois personnes, réellement distinc-

tes l'une de l'autre : la première, le Père ; la seconde, le Fils ; la troisième, le Saint-Esprit. Le Père est Dieu, le Fils est Dieu, le Saint-Esprit est Dieu ; cependant ce ne sont pas trois Dieux, mais trois Personnes égales en toutes choses, qui ne sont qu'un seul et même Dieu, parce qu'elles n'ont qu'une même nature et essence divine. C'est là ce qu'on appelle le mystère de la Très-Sainte Trinité.

3. C'est Dieu qui a créé le ciel et la terre, et tout ce qu'ils renferment ; il les a

faits de rien par sa seule volonté. Il a créé les Anges : les uns ont péché par orgueil et sont dans l'enfer; les autres, restés attachés à Dieu, sont heureux dans le Ciel. Dieu a fait les astres, la terre, les animaux, les planètes; mais il a fait l'homme à son image, et *uniquement* pour connaître, aimer, servir son Dieu sur la terre, et, par ce moyen, gagner le Paradis.

4. Le premier homme et la première femme désobéirent à Dieu, et se rendirent coupables eux et tous leurs descendants; et c'est à cause

de la désobéissance de nos premiers parents, que nous apportons tous en venant au monde le péché originel. En punition de ce péché, ils méritèrent pour eux et pour tous leurs descendants, ou pour tous les hommes, les souffrances, les peines, la mort, la colère de Dieu et la damnation éternelle.

5. Dieu, cependant, voulut bien offrir aux hommes le pardon et même le Ciel, et pour cela la seconde Personne de la Très-Sainte Trinité, le Fils de Dieu, se fit homme; il prit un corps et

une âme pour souffrir, et par ce moyen payer à la justice de Dieu ce que nous lui devons, et nous délivrer de la puissance du démon. Le Fils de Dieu fait homme s'appelle Jésus-Christ.

6. Ainsi, dans la Très-Sainte Trinité, le Père est vrai Dieu, mais pas homme, il n'a pas de corps, il en est de même du Saint-Esprit ; mais le Fils, vrai Dieu comme le Père et le Saint-Esprit, s'est fait homme pour nous racheter. Il a toujours été Dieu, mais il ne s'est fait homme que depuis environ

mille huit cents ans. Sans lui, nous aurions tous été privés du Ciel.

7. Le Fils de Dieu prit un corps, formé par l'opération du Saint-Esprit, dans le sein de la Très-Sainte Vierge Marie qui ne cessa pas d'être Vierge. C'est là le mystère de l'Incarnation ; on en fait la fête le 25 mars. Il vint au monde la nuit de Noël, dans une étable ; il vécut sur la terre environ trente-trois ans, dans la pauvreté, l'humilité et la pratique de toutes les vertus. Il enseigna l'Evangile, fit un très-grand nom-

bre de miracles pour prouver sa divinité; et toutes les prophéties par lesquelles Dieu l'avait annoncé aux hommes s'accomplirent à la lettre dans sa personne.

8. Il est mort comme Homme-Dieu sur une croix, pour nos péchés, le Vendredi saint. C'est là le mystère de la Rédemption. Il s'est ressuscité lui-même le troisième jour après sa mort, le jour de Pâques; il est monté au Ciel par sa propre vertu le jour de l'Ascension, quarante jours après sa Résurrection; il en descendra à la

fin du monde, pour juger tous les hommes, qui mourront tous et ressusciteront; il donnera le Paradis aux justes, mais pour ceux qui seront morts en péché mortel, tels que les impies, les jureurs, les vindicatifs, les impudiques, les ivrognes, etc., il les condamnera à l'enfer; l'enfer et le ciel dureront éternellement, c'est-à-dire sans fin.

9. L'Eglise est la société de ceux qui professent la véritable Religion enseignée par Jésus-Christ; c'est l'Eglise catholique, apos-

tolique et romaine; il faut obéir à ceux qui la gouvernent par l'autorité de Jésus-Christ. Ce sont les Evêques, et spécialement N. S. Père le Pape, qui, comme Chef, successeur de S. Pierre et Vicaire de Jésus-Christ, a l'autorité sur tous les Evêques et sur tous les Fidèles. C'est le seul moyen de ne pas tomber dans l'erreur, selon la promesse de Jésus-Christ: Hors de l'Eglise, point de salut. Ainsi tous ceux qui n'appartiennent pas à l'Eglise, ou qui ne lui obéissent pas, seront damnés. L'Eglise est composée des Saints qui sont dans le Ciel, des âmes qui sont en Purgatoire et des fidèles qui sont sur la terre. Nous participons aux mérites des Saints et des Fidèles, et nous pouvons soulager les âmes du Purgatoire par nos prières et nos bonnes œuvres.

Toutes ces vérités sont renfermées dans le Symbole des Apôtres : Je crois en Dieu, etc. On doit les croire fermement, non sur la seule parole des hommes qui les annoncent, mais parce qu'elles ont été révélées de Dieu même, et qu'elles sont enseignées par l'Eglise, qui est infaillible.

10. Pour se sauver, il faut non-seulement croire fermement toutes ces vérités, mais il faut encore vivre chrétiennement ; il faut observer les commandements de Dieu et de l'Eglise, pratiquer les vertus et fuir le péché.

Il y a dix commandements de Dieu. Le premier nous oblige de l'aimer et de l'adorer lui seul, et d'aimer le prochain comme nous-mêmes, pour l'amour de Dieu ; le second, d'honorer son Saint Nom, et nous défend de le profaner par des jurements; le troisième nous ordonne d'employer le dimanche à la prière et aux bonnes œuvres, et nous défend les travaux serviles; le quatrième ordonne d'honorer pères et mères et tous les Supérieurs ; le cinquième défend de tuer et de faire mal à personne, de donner mauvais exemple, de dire ou penser mal de personne, et ordonne de pardonner à tous ; le sixième défend toute impureté et tout ce qui peut y conduire ;

le septième défend de prendre et de retenir le bien des autres, et de leur causer aucun dommage ; le huitième défend de porter faux témoignage et de mentir ; le neuvième défend le désir des mauvaises actions défendues par le sixième commandement, et de s'arrêter à aucune pensée déshonnête ; le dixième défend de désirer injustement le bien des autres.

L'Eglise ordonne principalement six choses : 1° de sanctifier les fêtes qu'elle commande ; 2° d'assister à la Messe avec attention, les dimanches et les fêtes ; 3° de se confesser au moins une fois l'an ; 4° de communier au moins une fois l'an, à sa paroisse, dans la quinzaine de Pâques ; 5° de jeûner les Quatre-Temps, les Vigiles et tout le Carême; 6° de s'abstenir de manger gras les Vendredis, les Samedis et autres jours d'abstinence.

11. Mais, pour obéir à Dieu et à l'Eglise, nous avons absolument besoin de la grâce de Dieu, et pour l'obtenir il faut la lui demander souvent par d'humbles et ferventes prières, et toujours

au nom de Jésus-Christ. La plus excellente des prières, c'est *Notre Père, etc.*, parce que Jésus-Christ lui-même l'a enseignée. Il est encore très-utile d'invoquer la Très-Sainte Vierge et les Saints, parce qu'ils peuvent beaucoup nous aider par leur intercession.

12. Jésus-Christ a institué les Sacrements pour nous donner sa grâce, en nous appliquant les mérites de ses souffrances et de sa mort.

Il y en a sept : le baptême, la

confirmation, la pénitence, l'eucharistie, l'extrême-onction, l'ordre et le mariage.

13. Il y en a trois qu'il est plus essentiel de connaître, savoir : le Baptême, sans lequel personne n'est sauvé ; toute personne peut baptiser en cas de danger de mort ; il faut pour cela verser de l'eau naturelle sur la tête ; elle doit couler sur la peau et non pas seulement sur les cheveux, et la même personne dit au moment qu'elle la verse : Je te baptise, au nom du Père, et du Fils, et du Saint-Esprit. Le Baptê-

me efface en nous le péché originel, nous donne la vie de la grâce, et nous fait enfants de Dieu et de l'Eglise.

14. Le Sacrement de Pénitence est établi pour remettre les péchés commis après le Baptême ; mais pour en obtenir le pardon par ce Sacrement ; il faut les confesser tous, du moins les mortels, sans en cacher un seul ; avoir une très-grande douleur d'avoir offensé Dieu ; demander très-instamment cette douleur à Dieu, être fermement résolu de ne les plus com-

mettre et d'en quitter les occasions ; enfin, être décidé à faire les réparations et pénitences que le Prêtre impose. Si une seule de ces dispositions manque, l'absolution reçue est un grand crime de plus et un sacrilége.

15. L'Eucharistie est le plus auguste de tous les Sacrements, parce qu'il contient Jésus-Christ tout entier, vrai Dieu et vrai Homme : son corps, son sang, son âme, sa divinité. A la Messe, par les paroles de la Consécration que le Prêtre

prononce, la substance du pain et du vin est changée au corps de Jésus-Christ, et il n'en reste plus que les apparences. Ainsi, lorsque le Saint-Sacrement est exposé sur l'Autel, ou lorsqu'il est dans le Tabernacle, c'est Jésus-Christ réellement présent qu'on adore ; et quand on communie, c'est Jésus-Christ qu'on reçoit pour être la nourriture spirituelle de l'âme. Ce n'est pas son image ni sa figure, comme sur un Crucifix, mais c'est Jésus-Christ lui-même, c'est-à-dire le même Fils de Dieu, le même Jésus-Christ qui est né de la Très-Sainte Vierge Marie, qui est mort pour nous sur la croix, qui est ressuscité, monté au Ciel, qui est dans la Sainte Hostie aussi véritablement qu'il est au Ciel. Pour bien communier, il faut n'avoir sur la conscience aucun péché mortel. S'il y en avait un seul, on commettrait un énorme crime, un sacrilége : « On mangerait et boirait, dit saint Paul, son jugement et sa condamnation. »

16. Il faut mourir ; le moment de notre mort est incertain ; de ce moment dépend notre bonheur ou malheur éternel ; le Paradis ou l'enfer sera notre partage pour toujours, selon l'état de grâce ou de péché où nous nous trouverons à la mort. Pensons-y bien.

17. Les principales vertus d'un Chrétien sont : la Foi, l'Espérance et la Charité : 1° la Foi est un don de Dieu, par lequel nous croyons fermement toutes les vérités qu'il a révélées à son Eglise ; 2° l'Espérance est un don de Dieu, par lequel nous attendons, avec confiance, le Ciel et les grâces pour y parvenir ; 3° la Charité est un don de Dieu, par lequel nous aimons Dieu par-dessus toutes choses, pour l'amour de lui-même, et notre prochain comme nous-mêmes, pour l'amour de Dieu.

Tout Chrétien est obligé de faire souvent des Actes de Foi, d'Espérance et de Charité, dès qu'il a l'usage de la raison, et lorsqu'il est en danger de mort.

Lyon. — Imprimerie de J. B. Pélagaud.

www.ingramcontent.com/pod-product-compliance
Lightning Source LLC
Chambersburg PA
CBHW070247100426
42743CB00011B/2164